사도신경

전능하사 천지를 만드신 하나님 아버지를 내가 믿사오며,
그 외아들 우리 주 예수 그리스도를 믿사오니,
이는 성령으로 잉태하사 동정녀 마리아에게 나시고,
본디오 빌라도에게 고난을 받으사,
십자가에 못 박혀 죽으시고,
장사한 지 사흘 만에 죽은 자 가운데서 다시 살아나시며,
하늘에 오르사, 전능하신 하나님 우편에 앉아 계시다가,
저리로서 산 자와 죽은 자를 심판하러 오시리라.
성령을 믿사오며, 거룩한 공회와, 성도가 서로 교통하는 것과,
죄를 사하여 주시는 것과, 몸이 다시 사는 것과,
영원히 사는 것을 믿사옵나이다. 아멘.

사도신경[1]

나는 전능하신 아버지 하나님, 천지의 창조주를 믿습니다.
나는 그의 유일하신 아들,
우리 주 예수 그리스도를 믿습니다.
그는 성령으로 잉태되어 동정녀 마리아에게서 나시고,
본디오 빌라도에게 고난을 받아 십자가에 못 박혀 죽으시고,
장사된 지[2] 사흘 만에 죽은 자 가운데서 다시 살아나셨으며,
하늘에 오르시어 전능하신 아버지 하나님 우편에 앉아 계시다가,
거기로부터 살아 있는 자와 죽은 자를 심판하러 오십니다.
나는 성령을 믿으며, 거룩한 공교회와 성도의 교제와
죄를 용서받는 것과 몸의 부활과 영생을 믿습니다. 아멘.

1 '사도신조'로도 번역할 수 있다.

2 '장사되시어 지옥에 내려가신 지'가 공인된 원문〈Forma Recepta〉에는 있으나, 대다수의 본문에는 없다.

성서원

필사노트

Handwriting Note

| 필사자

| 시작일

| 마감일

| 교회명

성서원

필사노트 활용법

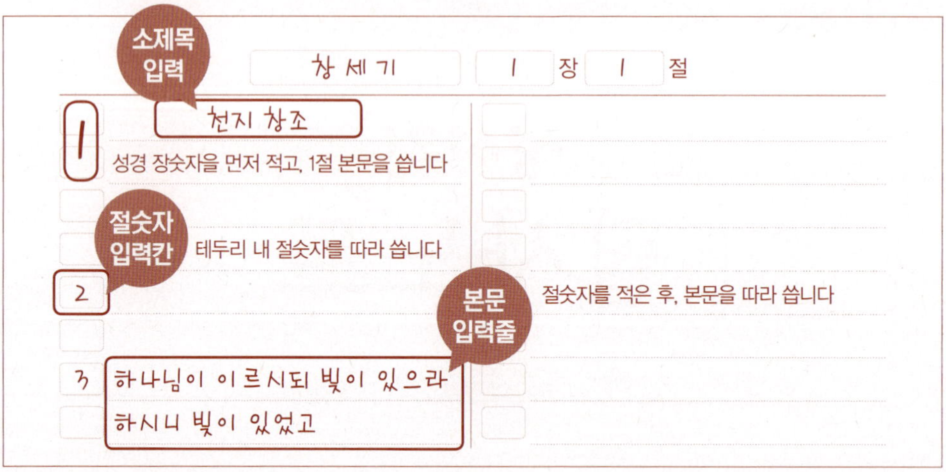

필사 예시

왼쪽 페이지의 시작 장과 절을 적습니다

창세기 1 장 1 절

1 천지 창조
태초에 하나님이 천지를 창조하
시니라
2 땅이 혼돈하고 공허하며 흑암이
깊음 위에 있고 하나님의 영은
수면 위에 운행하시니라
3 하나님이 이르시되 빛이 있으라
하시니 빛이 있었고
4 빛이 하나님이 보시기에 좋았더
라 하나님이 빛과 어둠을 나누사
5 하나님이 빛을 낮이라 부르시고
어둠을 밤이라 부르시니라 저녁
이 되고 아침이 되니 이는 첫째
날이니라
6 하나님이 이르시되 물 가운데에
궁창이 있어 물과 물로 나뉘라
하시고

님이 보시기에 좋았더라
11 하나님이 이르시되 땅은 풀과 씨
맺는 채소와 각기 종류대로 씨
가진 열매 맺는 나무를 내라 하
시니 그대로 되어
12 땅이 풀과 각기 종류대로 씨 맺
는 채소와 각기 종류대로 씨 가
진 열매 맺는 나무를 내니 하나
님이 보시기에 좋았더라
13 저녁이 되고 아침이 되니 이는
셋째 날이니라
14 하나님이 이르시되 하늘의 궁창
에 광명체들이 있어 낮과 밤을
나뉘게 하고 그것들로 징조와 계
절과 날과 해를 이루게 하라
15 또 광명체들이 하늘의 궁창에 있
어 땅을 비추라 하시니 그대로

오른쪽 페이지의 마지막 장과 절을 적습니다

창세기 2 장 2 절

넷째 날이니라
20 하나님이 이르시되 물들은 생물
을 번성하게 하라 땅 위 하늘의
궁창에는 새가 날으라 하시고
21 하나님이 큰 바다 짐승들과 물에
서 번성하여 움직이는 모든 생물
을 그 종류대로, 날개 있는 모든
새를 그 종류대로 창조하시니 하
나님이 보시기에 좋았더라
22 하나님이 그들에게 복을 주시며
이르시되 생육하고 번성하여 여
러 바닷물에 충만하라 새들도 땅
에 번성하라 하시니라
23 저녁이 되고 아침이 되니 이는
다섯째 날이니라
24 하나님이 이르시되 땅은 생물을
그 종류대로 내되 가축과 기는

땅과 땅에 기는 모든 것을 다스
리게 하자 하시고
27 하나님이 자기 형상 곧 하나님의
형상대로 사람을 창조하시되 남
자와 여자를 창조하시고
28 하나님이 그들에게 복을 주시며
하나님이 그들에게 이르시되 생
육하고 번성하여 땅에 충만하라,
땅을 정복하라, 바다의 물고기와
하늘의 새와 땅에 움직이는 모든
생물을 다스리라 하시니라
29 하나님이 이르시되 내가 온 지면
의 씨 맺는 모든 채소와 씨 가진
열매 맺는 모든 나무를 너희에게
주노니 너희의 먹을 거리가 되리
라
30 또 땅의 모든 짐승과 하늘의 모

성서원 필사노트

발행처 | (유)성서원
주소 | 경기도 고양시 덕양구 덕은로 60-12
전화 | 02-765-0011 / 팩스 | 02-743-6811
등록 | 제 2013-000059호
www.biblehouse.co.kr
ISBN 978-89-360-2697-4 03230
Printed in Korea

성경 쓰기표

구약																																				
창세기	1	2	3	4	5	6	7	8	9	10	11	12	13	14	15	16	17	18	19	20	21	22	23	24	25	26	27	28	29	30	31	32	33	34	35	36
	37	38	39	40	41	42	43	44	45	46	47	48	49	50																						
출애굽기	1	2	3	4	5	6	7	8	9	10	11	12	13	14	15	16	17	18	19	20	21	22	23	24	25	26	27	28	29	30	31	32	33	34	35	36
	37	38	39	40																																
레위기	1	2	3	4	5	6	7	8	9	10	11	12	13	14	15	16	17	18	19	20	21	22	23	24	25	26	27									
민수기	1	2	3	4	5	6	7	8	9	10	11	12	13	14	15	16	17	18	19	20	21	22	23	24	25	26	27	28	29	30	31	32	33	34	35	36
신명기	1	2	3	4	5	6	7	8	9	10	11	12	13	14	15	16	17	18	19	20	21	22	23	24	25	26	27	28	29	30	31	32	33	34		
여호수아	1	2	3	4	5	6	7	8	9	10	11	12	13	14	15	16	17	18	19	20	21	22	23	24												
사사기	1	2	3	4	5	6	7	8	9	10	11	12	13	14	15	16	17	18	19	20	21															
룻기	1	2	3	4																																
사무엘상	1	2	3	4	5	6	7	8	9	10	11	12	13	14	15	16	17	18	19	20	21	22	23	24	25	26	27	28	29	30	31					
사무엘하	1	2	3	4	5	6	7	8	9	10	11	12	13	14	15	16	17	18	19	20	21	22	23	24												
열왕기상	1	2	3	4	5	6	7	8	9	10	11	12	13	14	15	16	17	18	19	20	21	22														
열왕기하	1	2	3	4	5	6	7	8	9	10	11	12	13	14	15	16	17	18	19	20	21	22	23	24	25											
역대상	1	2	3	4	5	6	7	8	9	10	11	12	13	14	15	16	17	18	19	20	21	22	23	24	25	26	27	28	29							
역대하	1	2	3	4	5	6	7	8	9	10	11	12	13	14	15	16	17	18	19	20	21	22	23	24	25	26	27	28	29	30	31	32	33	34	35	36
에스라	1	2	3	4	5	6	7	8	9	10																										
느헤미야	1	2	3	4	5	6	7	8	9	10	11	12	13																							
에스더	1	2	3	4	5	6	7	8	9	10																										
욥기	1	2	3	4	5	6	7	8	9	10	11	12	13	14	15	16	17	18	19	20	21	22	23	24	25	26	27	28	29	30	31	32	33	34	35	36
	37	38	39	40	41	42																														
시편	1	2	3	4	5	6	7	8	9	10	11	12	13	14	15	16	17	18	19	20	21	22	23	24	25	26	27	28	29	30	31	32	33	34	35	36
	37	38	39	40	41	42	43	44	45	46	47	48	49	50	51	52	53	54	55	56	57	58	59	60	61	62	63	64	65	66	67	68	69	70	71	72
	73	74	75	76	77	78	79	80	81	82	83	84	85	86	87	88	89	90	91	92	93	94	95	96	97	98	99	100	101	102	103	104	105	106	107	108
	109	110	111	112	113	114	115	116	117	118	119	120	121	122	123	124	125	126	127	128	129	130	131	132	133	134	135	136	137	138	139	140	141	142	143	144
	145	146	147	148	149	150																														
잠언	1	2	3	4	5	6	7	8	9	10	11	12	13	14	15	16	17	18	19	20	21	22	23	24	25	26	27	28	29	30	31					
전도서	1	2	3	4	5	6	7	8	9	10	11	12																								
아가	1	2	3	4	5	6	7	8																												
이사야	1	2	3	4	5	6	7	8	9	10	11	12	13	14	15	16	17	18	19	20	21	22	23	24	25	26	27	28	29	30	31	32	33	34	35	36
	37	38	39	40	41	42	43	44	45	46	47	48	49	50	51	52	53	54	55	56	57	58	59	60	61	62	63	64	65	66						
예레미야	1	2	3	4	5	6	7	8	9	10	11	12	13	14	15	16	17	18	19	20	21	22	23	24	25	26	27	28	29	30	31	32	33	34	35	36
	37	38	39	40	41	42	43	44	45	46	47	48	49	50	51	52																				
예레미야애가	1	2	3	4	5																															
에스겔	1	2	3	4	5	6	7	8	9	10	11	12	13	14	15	16	17	18	19	20	21	22	23	24	25	26	27	28	29	30	31	32	33	34	35	36
	37	38	39	40	41	42	43	44	45	46	47	48																								
다니엘	1	2	3	4	5	6	7	8	9	10	11	12																								
호세아	1	2	3	4	5	6	7	8	9	10	11	12	13	14																						
요엘	1	2	3																																	
아모스	1	2	3	4	5	6	7	8	9																											
오바댜	1																																			
요나	1	2	3	4																																
미가	1	2	3	4	5	6	7																													
나훔	1	2	3																																	
하박국	1	2	3																																	
스바냐	1	2	3																																	
학개	1	2																																		
스가랴	1	2	3	4	5	6	7	8	9	10	11	12	13	14																						
말라기	1	2	3	4																																

신약																												
마태복음	1	2	3	4	5	6	7	8	9	10	11	12	13	14	15	16	17	18	19	20	21	22	23	24	25	26	27	28
마가복음	1	2	3	4	5	6	7	8	9	10	11	12	13	14	15	16												
누가복음	1	2	3	4	5	6	7	8	9	10	11	12	13	14	15	16	17	18	19	20	21	22	23	24				
요한복음	1	2	3	4	5	6	7	8	9	10	11	12	13	14	15	16	17	18	19	20	21							
사도행전	1	2	3	4	5	6	7	8	9	10	11	12	13	14	15	16	17	18	19	20	21	22	23	24	25	26	27	28
로마서	1	2	3	4	5	6	7	8	9	10	11	12	13	14	15	16												
고린도전서	1	2	3	4	5	6	7	8	9	10	11	12	13	14	15	16												
고린도후서	1	2	3	4	5	6	7	8	9	10	11	12	13															
갈라디아서	1	2	3	4	5	6																						
에베소서	1	2	3	4	5	6																						
빌립보서	1	2	3	4																								
골로새서	1	2	3	4																								
데살로니가전서	1	2	3	4	5																							
데살로니가후서	1	2	3																									
디모데전서	1	2	3	4	5	6																						
디모데후서	1	2	3	4																								
디도서	1	2	3																									
빌레몬서	1																											
히브리서	1	2	3	4	5	6	7	8	9	10	11	12	13															
야고보서	1	2	3	4	5																							
베드로전서	1	2	3	4	5																							
베드로후서	1	2	3																									
요한일서	1	2	3	4	5																							
요한이서	1																											
요한삼서	1																											
유다서	1																											
요한계시록	1	2	3	4	5	6	7	8	9	10	11	12	13	14	15	16	17	18	19	20	21	22						

- 쓴 만큼 쓰기표에 펜으로 표시하세요.
- 항상 정해진 시간에 정해놓은 분량을 습관처럼 꾸준히 쓰기를 권장합니다.
- 교회나 가정에서 서로 나누어 쓰기를 하셔도 좋습니다.

주의 말씀의 맛이
내게 어찌 그리 단지요

내 입에 꿀보다 더 다니이다
주의 법도들로 말미암아
내가 명철하게 되었으므로
모든 거짓 행위를 미워하나이다
주의 말씀은 내 발에 등이요
내 길에 빛이니이다
주의 의로운 규례들을 지키기로
맹세하고 굳게 정하였나이다

시편 119:103-106

장 절

장 절

장 절

장 절

장 절

장 절

장 절

장 절

장 절

장 절

장 절

장 절

장 절

장 절

장 절

장 절

장 절

장 절

장 절

장 절

장 절

장 절

장 절

장 절

장 절

장 절

장 절

장 절

장 절

장 절

장 절

장 절

장 절

장 절

장 절

장 절

장 절

장 절

장 절

장 절

장 절

장 절

장 절

장 절

장 절

장 절

장 절

장 절

장 절

장 절

장 절

장 절

장 절

장 절

장 절

장 절

장 절

장 절

장 절

장 절

장 절

장 절

장 절

장 절

장 절

장 절

장 절

장 절

장 절

장 절

장 절

장 절

장 절

장 절

장 절

장 절

장 절

장 절

장 절

장 절

장 절

장 절

장 절

장 절

장 절

장 절

장 절

장 절

장 절

장 절

장 절

장 절

장 절

장 절

장 절

장 절

장 절

장 절

장 절

장 절

장 절

장 절

장 절

장 절

장 절

장 절

장 절

장 절

장 절

장 절

장 절

장 절

장 절

장 절

장 절

장 절

장 절

장 절

장 절

장 절

장 절

장 절

장 절

장 절

장 절

장 절

장 절

장 절

장 절

장 절

장 절

장 절

장 절

장 절

장 절

장 절

장 절

장 절

장 절

장 절

장 절

장 절

장 절

장 절

장 절

장 절

장 절

장 절

장 절

장 절

장 절

장 절

장 절

장 절

장 절

장 절

장 절

장 절

장 절

장 절

장 절

장 절

장 절

장 절

장 절

장 절

장 절

장 절

장 절

장 절

장 절

장 절

장 절

장 절

장 절

장 절

장 절

장 절

장 절

장 절

장 절

장 절

장 절

장 절

장 절

장 절

장 절

장 절

장 절

장 절

장 절

장 절

장 절

장 절

장 절

장 절

장 절

장 절

장 절

장 절

장 절

장 절

장 절

장 절

장 절

장 절

장 절

장 절

장 절

장 절

장 절

장 절

장 절

장 절

장 절

장 절

장 절

장 절

장 절

장 절

장 절

장 절

장 절

장 절

장 절

장 절

장 절

장 절

장 절

장 절

장 절

장 절

장 절

장 절

장 절

장 절

장 절

장 절

장 절

장 절

장 절

장 절

장 절

장 절

장 절

장 절

장 절

장 절

장 절

장 절

장 절

장 절

장 절

장 절

장 절

장 절

장 절

장 절

장 절

장 절

장 절

장 절

장 절

장 절

장 절

장 절

장 절

장 절

장 절

장 절

장 절

장 절

장 절

장 절

장 절

장 절

장 절

장 절

장 절

장 절

장 절

장 절

장 절

장 절

장 절

장 절

장 절

장 절

장 절

장 절

장 절

장 절

장 절

장 절

장 절

장 절

장 절

장 절

장 절

장 절

장 절

장 절

장 절

장 절

장 절

장 절

장 절

장 절

장 절

장 절

장 절

장 절

장 절

장 절

장 절

장 절

장 절

장 절

장 절

장 절

장 절

장 절

장 절

장 절

장 절

장 절

장 절

장 절

장 절

장 절

장 절

장 절

장 절

장 절

장 절

장 절

장 절

장 절

장 절

장 절

장 절

장 절

장 절

장 절

장 절

장 절

장 절

장 절

장 절

장 절

장 절

장 절

장 절

장 절

장 절

장 절

장 절

장 절

장 절

장 절

장 절

장 절

장 절

장 절

장 절

장 절

장 절

장 절

장 절

장 절

장 절

장 절

장 절

장 절

장 절

장 절

장 절

장 절

장 절

장 절

십계명

하나님이 이 모든 말씀으로 말씀하여 이르시되
나는 너를 애굽 땅, 종 되었던 집에서 인도하여 낸
네 하나님 여호와니라

제일은, 너는 나 외에는 다른 신들을 네게 두지 말라

제이는, 너를 위하여 새긴 우상을 만들지 말고
또 위로 하늘에 있는 것이나 아래로 땅에 있는 것이나
땅 아래 물 속에 있는 것의 어떤 형상도 만들지 말며
그것들에게 절하지 말며, 그것들을 섬기지 말라

나 네 하나님 여호와는 질투하는 하나님인즉
나를 미워하는 자의 죄를 갚되 아버지로부터 아들에게로
삼사 대까지 이르게 하거니와 나를 사랑하고
내 계명을 지키는 자에게는 천 대까지 은혜를 베푸느니라

제삼은, 너는 네 하나님 여호와의 이름을
망령되게 부르지 말라

여호와는 그의 이름을 망령되게 부르는 자를
죄 없다 하지 아니하리라

제사는, 안식일을 기억하여 거룩하게 지키라

엿새 동안은 힘써 네 모든 일을 행할 것이나
일곱째 날은 네 하나님 여호와의 안식일인즉
너나 네 아들이나 네 딸이나 네 남종이나 네 여종이나 네 가축이나
네 문안에 머무는 객이라도 아무 일도 하지 말라
이는 엿새 동안에 나 여호와가 하늘과 땅과 바다와 그 가운데